SHUKI KURTI-MUSA

Poezia është grua
La poésie est une femme!

poezi - poésie

Copyright © Autori & RL Books
2021

Kurti (Musa), Shuki
Poezia është grua / Shuki Kurti Musa ;
red. Ornela Musabelliu. – Tiranë : RL Books, 2021
122 f. ; 12.7 x 20.3 cm.
ISBN 978-9928-324-19-1

1.Letërsia shqipe   2.Poezia   3.Kosovë

821.18(497.115) -1

RL BOOKS

www.rlbooks.eu
admin@rlbooks.eu
Brussels 2021

Fotografia në kapak
Linda Photography
www.lindaphoto.ch

Përmbledhje

Letra me pak *1*
Harku i dashurisë *2*
Bojë mbi letër *3*
Burrë e grua *4*
Shtëpia prej shpirti *6*
Kohën arnoj *7*
Bohem i virgjër *8*
Qershitë e komshiut *10*
Pyll i heshtur *12*
Sirius (ylli) *13*
Maçoku i zi *14*
Ushtar jete *15*
Malli m'i humb fjalët për ty *17*
Nesër *19*
A ka mbetur *21*
Cicërimat e shpirtit *23*
Dëshiroj *24*

Ëndrra të zhveshura 25
Erdhe 26
Herakliti në Zjarr 27
Imazh i plakjes 28
Lulet e nusëruara 29
Mërgimtari 30
Në botën ku s'je ti 31
Në ikje 34
Ujkonjat e mia 36
Piromani 37
Poçeri e vjetër 38
Shkëputem 40
Shtrat dheu 41
Sytë e palloit 43
Takimi 45
Zemra e detit 48
Belaja 49
Buzët e saj 50
Dardha e plakut 51
Se të dua shumë 52
Enigmë 53
Fëmija brenda vetes 54

Hëna 55
Linja e natës 57
Mulliri i kohës 59
Në dasmën time të fundit 61
Poezia është grua 63
Bluja e tymit të cigares 65
Vallja e dashurisë 66
Rreze arkaike 67
Bora 68
Me dashtë 69
Në trenin tim 71
Pafajësia 73
Poseidoni 74
Qielli 76
Rrugëve të kalasë 78
Shpirt engjëlli 79
Dashuri shtegtare 81
Sytë që flasin 82
Tokë e dashur 84
Unike 86
Vokacion 87
Tinguj pianoje 89

Vjeshta e babës *90*
Tu me manques à en perdre les mots............................ *91*
Je me détache... *93*
Je désire *94*
Rêves dévêtus... *95*
Tu es venu.. *96*
Dans le monde où tu n'es pas *97*
Lit de terre *100*
Sur ses lèvres *102*
L'enfant en toi *103*
À mon dernier bal *104*
Le bleu de la fumée de cigarette.................................. *106*
La neige.. *107*
Mes louves.. *108*
En fuite... *109*
Les yeux du paon *110*
Sur les chemins du château *111*
Pak fjalë për librin *112*
Nga autorja.. *113*

Letra me pak...

T`kam shkruar letra,
me fare pak fjalë;
dy rreshta përherë,
kaq pak... kaq pak...
Sot e di sa humba,
sa humbëm të dy, e di,
veten e ndjej me faj,
fajtor aspak s'je ti.
Dashurisë tënde s'iu përgjigja,
veç shkruajta, grisa
e shkruajta si e marrë,
letra,
që kurrë s`të kanë ardhë.
Për vete i mbajta të tëra,
sirtarin e mbusha me to,
nuk pata guxim të t'i nisja,
si një humbëse ndihem sot.
Të kam shkruar letra... letra,
me fare pak fjalë,
por e humba të drejtën me të njoftë,
edhe... me të dashtë…!

Sa shumë letra me pak,
me fare pak fjalë...

Harku i dashurisë

Si shiu rrit lulet, u rrita unë,
para teje hodha nur edhe shtat,
frymën ta ndala, ma ndale edhe ti,
dashurinë ma shtive si shigjetë me hark.

Mendjen dalldise, krejt ta pushtova,
në deje më lëvizje, në të tuat udhëtova,
turmat e zogjve u zgjuan përbrenda,
cicërimat e tyre fytit na i zënë kafshatat.

Dëgjohen edhe zërat e zemrës,
s'i njihnim ç'ishin më parë,
shpërthyen si bubullimat qiejve,
gjunjët na dridhen pa ndalë.

I ndiejmë rrahjet e forta,
mornicat na zgjojnë deje e palcë,
nga dy dromca u bëmë një,
e tillë dashuri s`përshkruhet me fjalë…!

Bojë mbi letër

Nisa të shkruaj për jetën,
mbi letër t'virgjër,
u derdh bojë e vjetër:
ty të pikturoi.
E rrëmbeve këtë vepër,
ashtu si shpirtin tim.
Burrë i pathyeshëm,
jehove tek unë;
pikturën e shoh,
bukur rri
varur në mua…

Burrë;
duhemi me një shikim,
me tjetrin
grindemi syve...

Rrëmbehemi si dy adoleshentë,
puthemi, mërzitemi e duhemi sërish,
armiq të shtirur ndonjëherë,
i ngrysim vetullat si hënë e brishtë.

Pastaj,
sa njëri fillon të flasë,
tjetrit buza i qesh në gaz...

Kur errësira mbulon tokën,
e perdet e rënda varen dritareve,
natën llastojmë unë e ti,

kufijtë e mbyllur hapen...
Lakmitar gjumi si ne,
por më të etur ne të dy,
në përqafim i lidhim zemrat,
si fjongot dikur, fëmijë.

Fjalët s'na duhen nën dritë të hënës,
sy e heshtje flasin për ne,
burrë e grua grinden e duhen,
dashuria në mes i zë!

Shtëpia prej shpirti

Më prit atje ku hapen qiejt,
mblidhi dromcat brigjeve
t`shpirtit,
me vete do mbart grimcat,
mbetur në fund të tij,
frymën ma mban shpresa,
ta ndërtojmë dhe një herë,
shtëpinë prej shpirti!

Më prit atje, lartësive,
një grusht dashuri rrëmbeja hënës
e jeto deri në ardhjen time.
Unë,
do marr rrezet, që m'i lagu shiu;
do i ngroh, do i thaj,
trupin ta ngjall…

Më prit atje ku nuk vyshken lulet,
shqisat i përndez kundërmimi i tyre.
Do vij të ta fal aromën time;
dikur, nga dashuria,
parfum pranvere - më quaje.
Më prit, do vij,
në shtëpinë prej shpirti!

Kohën arnoj

Mundohem ta arnoj kohën,
të qep xhepat e shqyer,
prej tyre t'mos rrjedhin kujtimet,
paluar si mëndafsh i mbaj të gjitha stinët…

E arnoj kohën,
asgjë të mos ikë nga unë,
dua të ngelem kjo që jam,
veten mos ta humb.

Fëmijën e qeshur, lëndimet, dashuritë,
lumturitë, pasionet e pasiguritë,
gjithçka dua të rrijë në mua,
se ato më rritën, më bënë këtë
që jam sot: njeriun e bukur!
E arnoj kohën,
xhepat ia qep me kujdes,
aty i kam të gjitha kujtimet:
përrallat, këngët e baladat rreth zjarrit,
gëzimet me njerëzit e zemrës dhe miqtë.

Do ju mbaj ngrohtë qiellit të gjoksit,
e kohën, në u dashtë, do ta arnoj sërish,
asgjë nuk dua të më humbë,
ju jeni kuptimi im!

Bohem i virgjër

Shpirtin tënd prej fëmije,
fsheh brenda vetes si kristal,
po të gdhendësh pak e latosh,
mua do më gjesh aty;
pranë teje jam.

Premtimet që i bëre vetes,
i ndjen apo i lexon,
i dogje telat e kitarës,
por fjalë s`më thua,
guximi të mungon…

Si yjet fshihesh natës,
frikësuar nga drita,
ditës më falesh si dielli luleve,
shikimet e tua thumbuese,
shkrihen të tëra mbi mua!

Dridhesh, përdridhesh në kohë,
si telat e një kitare të pa akorduar,
vështrimet e tua ma drithërojnë lëkurën,
fluturat në fund të shpirtit,
vallëzojnë në mua!

Më do pak a shumë,
ma thuaj; s'je fëmi,
pa ndrojtje, pa frikë,
ç`virgjëroje shpirtin,
është koha tani…!

Nëse t`mungojnë fjalët,
t'ma thuash përballë nuk di si,
shkruama një letër, i dashur,
askënd nuk lexoj më mirë
se ti…!

Qershitë e komshiut

U zgjova si pulëbardha e Sionit;
habitshëm më dolën përpara,
të bukura, të skuqura fort,
qershi, si në fshatin e gjyshes, plot.

Dielli e zogjtë,
sipër u vallëzonin
nga gëzimi,
ashtu si mua para tyre,
shpirti.

Iu përkula pemës plot ëndje,
dua ta prek shtatin - i thashë,
buzëve, shija jote t`më flakë,
të të gëlltis të gjithën,
qershitë e komshiut,
sa të ëmbla janë.

Të bëhem kandër,
zog a flutur dëshiroj,
qershitë e kuqe gjak
t`i këpus, kafshoj, t'i shijoj.

Ah qershi e bukur,
sa dua të të ngjitem trupit,
kokrrat që mrekullisht t'i stolisin degët,
me këto duar t'i mbërthej.
Agsholi i ditës mendjen aty ma gjen...

E huaja qershi u bë fati im,
ma plotësoi dëshirën komshiu i mirë,
nepsit ia hodha, i shijova ëmbëlsisht,
si dikur në fshatin e gjyshes së shtrenjtë.

Conthey

Pyll i heshtur

Si bijë e Trojës eci mes për mes,
muzikë vjeshte - hapat mbi gjethe,
heshtjen thyen pylli i qetë,
fërgëllon ëmbël mes fëshfërimash.

Flokët era na i shpupurit ngadalë,
si mua edhe pyllit të vjetër,
e dua, më do; një ndjenjë e zjarrtë,
mijëra puthje të verdha më nis mbi gjethnajë.

Në shtrojën e tij humbas e tëra,
nanuritëm e lumtur nën tingujt e melodisë,
me gjuhën e pyllit këndojmë të dy,
refrenin e bukur të dashurisë.

Sirius (ylli)

Kur sirena dhe deti shkëmbejnë puthje,
unë përrallitem qiellit me ty,
galaktika ndritet edhe më shumë,
plazma e qiellit më fle në sy.

Nga dashuria më përflakesh shpirtit,
nga harta ime nuk të nxjerr,
jashtë meje të pret botë e egër,
tjetërkund nuk kemi vend.

Dua të t`mbaj dejeve të mia,
qielli e toka mbajnë yje të tjerë,
në kopshtin tim je veç i imi,
grua tjetër nuk të prek…

Conthey 06.05.2021

Vërdallë i bie shtëpisë maçoku,
kërkon t'i gjejë vetes çati,
për një gabim të vogël e dëbuan,
tash sytë i qajnë si fëmi.

Kërkon bukën e mbetur,
çalon, i dhemb trupi i zi,
nga këmbë e thyer lëngon,
por më tepër i qan shpirti.

Mjaullimat e tij më zgjojnë,
ndjenjë trishtimi e dhembshurie,
sa herë vritemi nga të dashurit tanë,
zemra na mbytet në dhimbje.

Frikacakët dinë të vrasin,
të lëndojnë pa iu dridhur qerpiku,
ngjyrat e stinëve sa herë na i zbehin,
si maçoku të lënduar ndihemi.

Por kjo botë ka ende njerëz të mirë,
që ta shtrijnë dorën, falin mirësinë…

Conthey 12.05.2021

Ushtar jete

Pa asnjë kërkesë,
na sjellin kësaj bote,
ngjizjen prej dashurisë,
na thonë, e keni,
ashtu le të jetë:
njerëz të dashur do bëhemi…!
Ndeshemi udhëve,
me shpirtra të këqij, mesarak,
e të tjerë me shije mjalti…
gjatë rrugëtimit disa na vrasin,
të tjerë na i gërvishtin plagët.

Por ka edhe nga ata që dorën na zgjasin…!

Ndonjëherë pickimi i trishtimit,
forcën e gurit na ngjall,
por koha kuron gjithçka,
e forcë ushtari na fal.
Shpirtvrarë, por të fortë si gur,
e zemërluani bëhemi;
pa luftuar,
gradimin setrës s'e marrim,
gjymtyrëve ua njohim vlerat,
pasi na janë thyer…

Shuki

Nuk kërkuam gjë,
ky planet armët na i fali,
ditë apo natë,
për beteja na bëri gati.
Dezertimi s'na bën punë,
ushtar jete jemi…

Conthey, 17.05.2021

Malli m'i humb fjalët për ty

Druaj se pak flas,
e po aq edhe shkruaj,
gjithnjë e më pak më duket për ty,
më e bukura e të gjithave,
muzave të mia!

Druaj se s`më kupton,
më hidhërohesh,
zemërimi t'i ngjyros sytë,
largohesh e shpirtvyshkur më lë,
me letrën e bardhë përpara e pa zë.

E vërteta është se
për ty shkruaj shumë herë,
më e bukura e të bukurave të mia,
ke edhe shumë miq të tjerë;
asnjëri s'u bën ballë hireve të tua,
por poezitë për ty i thur unë.

A do i lexosh buzëve, a shpirtit?
Si do, tregoma!
Nëse vdes këtë gjë pa ma kumtuar,
eja mbi varrin tim,
inat mos mbaj, ma thuaj!

Të lutem!
Shpirti im do t'i dëgjojë të gjitha…
Më e bukura e të bukurave,
druaj se malli për ty m'i humb fjalët,
e s`di ku t'i kërkoj, të të them: të dua!

Por ti hidhërohesh keqazi,
e as në ëndërr nuk je me mua…

Malli vërtet m'i humb fjalët,
por ti ngelesh më e ëmbla,
më e bukura,
muza ime e përjetshme,
mos më dëno duke u larguar!

Nesër

Prej muajsh,
m`ka braktisur gjumi,
shtegtuan ëndrrat,
veç për mendoj,
veç për ty jetoj.
Prej kohësh s'më shijon as pija,
pikë s'kam vënë në gojë,
gjithçka do bëja për ty,
edhe shtëpinë e ndërroj.

Biri im,
Jeta ime është e jotja,
por kjo datë që po afrohet,
në shpirt më peshon.
Kam frikë të ta them,
guximin kraharori s`ma mban,
në vargje të shkruaj, bir:
të dua e nuk kam fjalë…!

Shpirtin e grisur,
as letrave s'e shpalos,
në copëza të imta vjeshte,
më ktheu kjo jetë,
ai zarf, ajo ditë,

e nesërmja që po vjen...
a do mundem dot ta mbaj,
peshën e fjalëve në kartën që pres?
A mund të dënohet një fëmijë pa faj?
Kam frikë,
t'ua diktoj letrave këtë dhimbje,
e lotët më ndizen vetëtimthi;
Nesër, ai zarf a do më gëzojë,
apo copëzat e shpirtit
do m'duhet të mbledh
e të buzëqesh përpara teje,
si kam bërë përherë…?

Përhumbur krejt sot rri e pres,
e lutem që ai zarf,
nesër të më japë jetë!

LM. Martigny 19.05.2021

A ka mbetur...

A ka shpirt pa mëkat,
që s'ka gdhendur në nektar?

A ka mal që s`është djegur kurrë,
nga piromanët mendje xgurë?

Balancim të denjë a ka,
pa anuar pak me vra?

Dashuri pa gjemb a mbeti,
shpirtin tjetrit që nuk ia vrenjti?

A ka mbetur shpirt pa mall,
që çdo ditë s'e djeg si zjarr?

A ka borë a shi me diell,
mungesë në zemër që nuk ka sjellë?

Vijë ajrore me kohën a ka,
troç të gjitha që s'i ka ba?

Ndjenja shpirtit a i kufizohet
n`trup të plakur a jetojnë motet?

Shuki

Në lypsar shpirti a katandiset,
a mundet pas ta kthejë kohën që vithiset?

Treten akujt e shpirti s`plaket,
shtohen lutjet kur zemrat ndahen…

Cicërimat e shpirtit

Zogu që këndoi sot,
kaq ëmbël në dritaren time,
kohën tënde zgjoi në mua,
më trazoi, më zhyti në kujtime.

Cicërueshëm më vjen brenda,
verbër - thua më s`të ndjej?
Baladat e fjetura prej një kohe,
rreth meje tash po kërcejnë.

Era fryn nga veriu,
me flokët luan, si me një gjethe vjeshte,
m'u zgjua malli i fjetur trungut,
mbuluar nga thinjat e degëve.

M'u ndërmend si troshë,
rrëshqitur nga buza dikur,
a thua - verbër s`të shoh
e verbër s`të ndiej?!

Ti ndoshta nuk do të përgjigjesh,
por cicërimat e shpirtit më flasin nga thellë!

Dëshiroj të të shoh në sy,
me zemrën plot të të them: të dua!
T'i hap krahët, të fluturojmë bashkë,
të pi ujë në qukat e tua...

Dëshiroj të ta mbaj dorën,
bashkë me ty të shijoj motet,
të jem për ty prani e ëmbël,
të t'i zhvesh ëndrrat në dritë të hënës.

Dëshiroj t'i ndjej frymëmarrjet,
të bëhem unë pulsi yt,
në ditët e akullta me dëborë,
me frymën time të t'i ndez zjarret…

Dëshiroj të bëhem dallgë,
e të prehem trupit tënd,
unë – bregu yt i vetëm,
e ëmbla melodi, e fundit këngë!

Ëndrra të zhveshura

I zhvesha ëndrrat e mia,
i vara në tel, nën diell,
dashurinë ia shfaqa hënës,
e ndez edhe netëve në terr...

Mori jetë shtëpia ime,
dashuria në sy më djeg zjarr,
m'i fshiu vuajtjet, brengat,
para shiut të parë.

Ëndrra të lara, të thara,
nxjerr çdo mëngjes nga një sirtar,
ditën bukur e nis me to,
fluturimthi si një pulëbardhë...

Erdhe,
si fundvjeshte me re të errëta,
qiell të zymtë e bubullimë,
shi zemërak derdhe nga sytë,
ditët të m'i ngjyrosje edhe mua me gri.

Erdhe,
një ardhje acar, e gurtë, si apokalips,
poshtë çatisë sime të mbillje dimër të vërtetë,
por kjo zemër, ku vdiqe dikur, të thotë:
shko aty ku vetmia mes njerëzve të vret!

Erdhe,
Më mirë të kishe veç ikje!

Herakliti në Zjarr

Të gjithë u larguan nga ty,
unë të shtrihem pranë,
ashtu si krejt qenia ime,
edhe lëkura ta ndiejë këtë zjarr.

Pa fjalë kam ngelur, pa zë,
por me gjuhën e trupit të flas,
siç filozofi i foli botës,
për zjarrin që kthehet në gjithçka.

Digjmë, piromani im,
dua të më përvëlosh si llavë,
se trup e shpirt të përkas ty,
Herakliti im i gjallë...

Imazh i plakjes

Lozin rrudhat ballit,
pa pyetur për mua,
balluket lëshoj mbi to,
disi t`i fsheh dua.

Por jo, jo,
nuk dua t`i zhduk vërtet,
janë shenja të jetës sime,
asaj që më përket.

Diku kujtoj një brengë,
një mall a një trishtim,
por të tjera rrudha,
janë të qeshurat e shpirtit tim.

Fle me to në paqe,
u vë nga një emër,
e ndjej se jetoj,
e ndihem prapë femër!

Lulet e nusëruara

Shpatit me kodra,
malit, fushave,
gjithandej vërshuan,
marsit lulet iu 'nusëruan'.

Me këmisha e fustane,
me dantella përmbi gjunjë,
gjysmëzhveshur ca të tjera,
iu gëzuan diellit pa 'gunë'.

U çelën e u ngjallën,
zëri i tyre larg jehoi:
Lule jemi, ushqejmë bletët,
etjen s`duam ta provojmë.

Rrënjët tona po u terën,
Po u thanë e u zhdukën,
botës kush ia fal mëmësinë,
kush e siguron jetën?

Pranverës buçasin zonjat-lule,
të nusërohen kur të duan,
dashuria si mal u lulëzon brenda,
kur pjalmohen e nektarin u thith bleta…

Aty ku rrënjët dheut flenë e çon malli,
copëzat e shpirtit i mbledh në valixhe,
të thyera, të plota, të grisura, të pajetuara,
në xhepin e zemrës i merr me vete…

Aromat e dashurive i pështjellohen në gjoks,
e loti rrjedh i nxehtë mbi buzë,
si Pegasus fluturon me çdo kujtim,
të gjitha i ngjajnë atdheut të tij…

Në tokë të huaj këmba s'lë shenjë,
në vendin e tij, ah sa ngroh ai diell,
atje ku zhgënjimet, të qeshurat e hidhërimet,
vlejnë më shumë se kudo gjetkë.

E shpirti i ka mbetur mbi ata gurë,
ku lule u ka vënë te koka të dashurve,
mërgimtar me shpirtin e grisur e të vrarë,
emri i tij dritë mes ferrit ndezur.

Borë e diell i shkrin me mall,
ëndrrat natën e çojnë në vendlindje,
ndryshe nuk ndjen shpirti i tij,
derisa në atë tokë të prehet.

Në botën ku s'je ti

Si udhëtar jete,
e di,
u stepa diku dhe unë.
Nuk di në isha a jo e bukur,
djall a engjëll,
me buzëqeshje dielli,
nuk di!

Pasqyrës tënde para s'i dal,
se prishet magjia e saj…

Por rrugëtimin s'e ndal dot,
për ciceron kam shpirtin,
me bagazhe mbushur plot…

Ndjej, kundërshtoj, dashuroj,
urrejtjet tokës ia përplas,
ç'të bëj, më lanë të gjithë;
të gjithë dhe unë i lashë pas.

Udhëton ky treni im,
mbi binarë të ndryshkur rrëshqet,
por edhe ai dha shpirt në agun e natë,
sa shpejt, ah sa shpejt!
Të thyer, të ndryshkur siç ishin,
këmbëzbathur eca mbi ta,
u grinda me mallin, me veten,
me ty, që s'të kisha pranë.

Përse nuk mundem të jem,
në botën tënde vallë?!

Mbyll sytë e zhytem në kujtime,
motet i kthej pas,
ndjej sikur ta prek shpirtin,
e me ty pafund flas.

Të shoh tek fle në paqe,
i qetë si një kërthi,
kur befas sytë i hap,
unë lumturohem si fëmi.

Shpresoj se më ndjen,
më sheh,
shpejt më përqafon,
por:
- Era, thua, qenka,
e gjumi sërish t`këndon.

Trishtueshëm largohem nga ti,
nga vetja,
arratisem larg në shkretëtirë,
por malli pas më ndjek,
rritet bëhet mal,
e si zjarr më djeg!

-elegji-

Era luan me flokët e tu kaçurrela,
ti mbështjellë me mëndafsh të bardhë,
rri shtrirë si princ i dy jetëve,
si do bëhet vallë…?

Ike përjetësisht, apo do kthehesh prapë
për një buzëqeshje?
Kthehu të mbarosh librin e lënë përgjysmë,
apo të nisesh edhe një tjetër!

A ke ftohtë,
pak dritë të ndriçosh natën e verbër?
Shoh ulësen tënde bosh në qosh të bibliotekës,
sa dhimbje e pyetje më derdhen brenda vetes.

Shumë dritë e dashuri kishe në ata sy,
a thua tashmë janë mbyllur përgjithnjë?
S'arrita dot të t`jepja as dy gisht letër,
për vëllain... erdha vonë, nuk munde të më
presësh.

Ti burrë që ecje me gjunjë të thyer,
nga pesha e dashurisë,
dukesh si vegimi
i një ylli të tretur;

Je nisur për larg, shumë larg,
por mos thuaj që ke vdekur!

Ujkonjat e mia

Unë jam kjo që jam,
njeriu s'i shkaktoj dhimbje,
veç në më trazofshi,
mendohuni mirë,
në luftë nuk kam limite.

Mos tentoni të më ndryshoni,
se revoltohen ujkonjat e shpirtit,
dallgët detit ia trazojnë,
shije të hidhur ju lënë përgjithmonë.

Jua shkul edhe rrënjët e tokës,
fidanët s'ju çelin më as në pranverë,
nëse më prekni me duart e pista,
lumenjtë jua thaj, jua kthej në sterrë...

Me sy të lagur mos më shihni,
pas plagëve që m'hapni pa mëshirë,
se natë jua bëj edhe ditën,
njerëz të verbër pa dritë në shpirt!

Piromani

Nga vetja më nxjerr ndjenja për ty,
që sot erdh e ma trazoi mallin,
si në gotën e mbushur me çaj e sheqer,
pres ta ndjej tretësirën e ëmbël.

Pritja e shijes m'u bë ekstazë zemre,
më deh sa herë fryn erë e mallit të thellë,
më djeg përbrenda e m'i shton liqenet,
shpirtit m'i bën flatra e lart më ngre.

Ndizet nga brenda një piroman,
që me zjarrin sërish përvëlohet…!

Poçeri e vjetër

Hapat i ndërroj krejt e vetme,
u rrita.
Dorë e nanës
më mban veç n`zemër,
dritë e saj përndezur
brenda mendjes.

Deltinë e shtambë,
për mua i punoi...
prej dheu,
para se t`më lindte
nga gjiri i saj…

Ena e foshnjërisë
mbushur dashni,
kafshata e nanës dikur...
Sot unë gatuaj,
por bukës së nanës
aromën s`ia ndi!

Prej shtambe
ujë m`ka dhanë me pi,
jam rritë,
jam ba grua
nga ajo dashni…

Ah ta pinit edhe ju,
një gllënjkë dashnie nga dorë e saj!

Ndodh
të shkëputem nga toka
të fshihem mbi re
nga mëria me ty

Ndodh
t`më dhembë plaga
nga plumb i vjetër
e kjo m'krijon bezdi

Ndaj fshihem n'arrati

Pastaj çuditem me veten
se e tillë nuk jam
dashurisë i falem bukur
inatet në xhep s'i mbaj

Shtrat dheu

Më kanë punuar një shtrat dheu,
urithë të panjohur,
të palodhur nga puna në errësirë.

Mua,
më derdhet një dritë qielli,
që nana e quan luledielli.

E unë i besoj nanës
dhe lules,
që i përulet diellit.

Rreth syve, koha
shkruajti me ngjyrë të hirtë,
rrathë...

Më dridhen gjunjët,
s`ndihem
fort mirë.

Por shtratin prej dheu,
e përbuz
dhe vullnetin e urithëve...

Jam grua,
që ruaj,
në gji ngrohtësi...

Dhe pak hi,
rreth një xixe zjarri,
të pashuar...

Shtrat dheu…!?
Urithë:
harruat që jam grua e dashuruar!?

Sytë e palloit

-fluturës-

Mbi krahë të fluturës,
t`kam shkruar letër;
kam lënë pak fjalë,
mos të peshojnë rëndë.

Nuk di, a e ke marrë?

Mos rrezja e diellit,
krahët ia ka tharë
e letra ime
në hi ka përfunduar?

Ka ditë që pres,
e bredh lugjeve me lule,
pres syrin e palloit
t`më vijë si përrallë,

Shuki

Nuk di, a mos ndërroi jetë,
apo ke frikë t`ma thuash atë fjalë?

Unë pres letrën tënde,
shpresa më mban gjallë,
në sytë e palloit,
shkruami dy fjalë…!

Takimi

Nga rrugë e largët
erdha të të shoh
edhe me të gjallët
të çmallesha ca ditë
e përqafova tim atë
tri herë e mora n`grykë
hija e pleqërisë
i endej në fytyrë

Nana me lot gëzimi
m'i njomi faqe e flokë
na mblodhi si dikur
rreth sofrës së mbushur plot

Natën u zgjua
siç bënte dikur
të shihte në ishim mbuluar
a si merrnim frymë
na preku lehtë ballin
e nisi të lutej prajshëm
duke përkulur trupin
si bari nën brymë

Shuki

U lut për ty
O Zot
falmi djalit dritë
e na bashko
në të njëjtën shtëpi…!

Erdhëm një ditë
te dera e "mbretërisë" tënde
nëna me gishta
mbi dhe filloi të trokasë
të herrte barin
e përkëdhelte lulet
e mbytur në vaj

Unë tretur nga malli për ty, ulur pranë saj

Lutemi të dyja
nënë edhe motër:
Ndrittë shpirti yt
në atë botë!

Heshtas të pyes
si ia kalon asaj jete
a ke të dashur
shokët i ke parë?

Po Ahmet Kurtin
me mustaqe
gjyshin tonë shtatlartë
a e ke takuar atë babaxhan?

Ti hesht, vëlla i dashur
e mua më dhemb xhan'
shumë kohë ka kaluar
por nuk shuhet ky mall

Çdo verë do vij a vjeshtë
të kuvendoj me ty
ti hesht vëlla-shpirt
por unë të dëgjoj me sy...!

Zemra e detit

Mbrëmë deti më foli në vesh,
me frymë e melodi dashurie,
ofshama t`ëmbla më pëshpëriti,
aq sa m'u përndrit shpirti...

U përfshimë në lojëra mjalti,
deti erdh u bë i kuq,
shkëmbyem prekje lakuriqe,
sa lëkura na u skuq prush.

Më rrëmbeu dallgë e valë,
iu dhashë e plotë, pa asnjë kusht.

U rebelua zemra
e ra në bela,
hyjnë e dalin miqtë,
një mendje me i ra,
hyjnë e dalin mjekët,
por dot nuk e kurojnë,
melankolinë e shpirtit,
që sot po më mundon.
Belaja vjen e rritet,
nga qime bëhet tra,
kërkoj të gjej një zgjidhje,
të dal nga kjo hata!

Në buzët e saj –
dy qershi,
aty dallgëzohet edhe deti,
në gaz
a në vaj,
dielli rrëzohet mbi buzët e saj.

Më sheh në sy
e më hapet kraharori,
pyje rriten në zemrën time,
nga pema më e bukur
gdhend një varkë,
me të lundroj mbi buzët e saj.

Këndoj, qesh,
thërras me zë të lartë,
valëvis re e qiej,
nga agimi deri në perëndim,
i magjepsur
endem buzëve të saj.

Dardha e plakut

Çdo mëngjes merr shportën plaku,
dardhës ëmbël i afrohet,
i qesh nuri e dredh mustaqet,
dhëmbët e rrallë i xigëlohen:

Piqu dardhë,
piqu mirë,
po të pres me shumë dëshirë!

Harron plaku që ka të tjerë,
e hanë dardhën në rrem pa pjekë,
brenda krimbi është ngopur mirë,
gjersa plaku pret çdo ditë.

Prit o plak,
prit edhe ca,
dardha bishtin pas e ka!

Se të dua shumë

Se të dua shumë - druaj,
nga dashuria mos të lëndoj...

Të dua si sytë,
nga fryma të mbroj,
buzët e kuqe si qershi,
ruaj gjella mos t'i djegë.
Lehtë t'i ledhatoj flokët,
nga dielli ta mbroj lëkurën,
të struk ngrohtë në gjoksin tim,
për ty ndal erën dhe furtunën.
Hije të bëhem, asgjë mos të ndodhë,
për ty e fal gjithçka,
si shqiponjë i nxjerr kthetrat,
të të mbroj me jetën.

Se të dua shumë,
të rrëzohesh nuk të lë!

Enigmë

Jam fjalëkryqi yt,
ç'të bësh?
Të hyj në hak,
ç'të bëj?
Dhe në ty gjej enigma,
që nuk arrij t'i zgjidh sot!
Ç'të bëj?
Prit, mendohu ndërsa kalojnë motet,
diku,
dikur,
do t'i biesh kalemit,
atëherë kur të t'shpeshtohen rrahjet gjoksit,
kur të të ngushtohet frymëmarrja,
e pakt me djallin të bësh për gjumin e natës...
kur mbrapsht të të ikë dita e mos ta kuptosh si,
kur mendja mos të të qëndisë më flutura,
po, po, pikërisht atëherë,
do jetë zgjidhur enigma!

Fëmija brenda vetes

Do t`mashtrojë edhe vetja një ditë,
e do notosh veç në kujtime,
s'do duash t'ia dish ku bie poli i veriut,
para pasqyrës do shikosh ku mbërrite!

Do të të zgjojnë thinjat e bardha,
edhe në bëfsh gjumë të thellë letargjik,
se koha ikën, vrapon çdo sekondë,
njëlloj si për të gjithë edhe për ty, o mik.

Perdja syve kur t`ju bjerë,
si do shohësh në errësirë?
Fëmijën brenda vetes e vrave,
ta ngushëllosh do jetë shumë vonë.

E braktise që në fillim të jetës,
atë fëmijë të rrallë, të qeshur, simpatik,
u dashurove me lodra të tjera dhe veten,
ndaj je kaq i zymtë sot, or mik!

Hëna

Në zemër të natës, kur bota fjeti,
hënës iu luta: merrmë në gji,
një herë të vetme dua ta ndiej
edhe unë atë ngrohtësi!

E verbër kjo mbrëmje,
veç dritë e saj,
më josh, më grish,
në prehër të më bajë.

I zgjata duart lart,
sa shumë me të fola:
më tërhiq, të lutem,
zëdridhur iu përgjërova!

Për fatin e mirë,
lutjen ma dëgjoi,
dhe një kalë i bardhë,
në gji të saj më çoi.

U vështruam gjatë,
sa sytë na u errën,
përçuam më shumë dritë
se dielli në mesditë…

Më tërhoqi fort,
u puthëm me furi,
unë dhe hëna
bëmë dashuri!

Uktheva prapë në tokë,
me shpirtin mbushur plot,
kur bota gjumit i falet... pastaj,
unë lahem me dritën e saj.

E pyes: si je,
në zemër a më ke?
Më sheh si fanari në terr,
e krejt fjalët m'i merr.

Guxoj e pyes prapë:
o hëna ime e artë,
më thuaj a më pret,
sërish në qiellin e shtatë?

Hëna ime e mjaltë,
brenda teje kam lënë ca nektar,
çdo natë kur shtrihem të fle,
në ëndrra të vij pranë…

Linja e natës

Sonte shkel sipër
linjës së drejtë;
as qaj,
as qesh,
fundin s'dua ta ndiej.

Flokët gështenjë
m'i shpupurit era,
ngjyra e natyrës më deh;
vjeshtën dua ta vesh...

Vrapthi sonte,
krejt kuturu,
me natën shkrihem
tretem aty-këtu.

Nuk kam jo frikë,
s'më duhen kode e rregulla,
jam veç unë e nata,
e huaj – gjithçka tjetër.

Përdridhem e vallëzoj,
në lëkurën time,
yjet e shuar,
le të ndizen në mua.

Hëna buzën le ta kafshojë me drojë,
sonte dua të jem grua!

Mulliri i kohës

Në boshtin e kohës bluhemi,
si drithë e miell përzier,
ndëshkohemi të gjithë,
jo veç unë e ti
ajo apo ai…

Në mullirin e kohës,
askush nuk mungoi,
na bloi, na mori të gjithëve njëlloj,
baticën e zbaticën nuk i njohu thika,
me vete mbërtheu emra e polemika.

Na përpiu labirinti i kësaj rruge pa sy,
daljet e tij duke kërkuar pa frymë,
çdo ditë më të sfiduar bluhemi,
kush më parë e kush më vonë...
Por, a druhemi?

Ulërin kjo pyetje brenda nesh,
i përgjigjemi, por s'gjen qetësi,
përpëlitemi në heshtje,
a kuvendojmë,
por nuk biem në ujdi.

Enigmë edhe kjo pandemi,
si na erdhi?
Si do shkojë?
Të pathënat e të mos kuptuarat,
koha vetë do i zbërthejë.

Kush më parë kalon në gurë të sheshtë?
Mbani rend pa mëri,
se të gjithë jemi për atje...

Në dasmën time të fundit

Në dasmën time të fundit,
ju lutem,
ejani të qeshur,
unë buzagaz kam jetuar.
Lotët m'i pa veç nana dhe zoti,
para jush jam bërë e fortë,
dhimbjet askush s'mi ndjeu.
Rrahjet nga druri e guri,
që peshqesh i mori shpirti,
as miqve s'ua kam diktuar,
më mirë të rrinin tek unë.
Pesha e tyre bëhet e rëndë me kohën,
e ju nuk mund ta bartni mbi supe,
frikë kisha se plagët
do m'i hidhnit qosheve të rrugës,
do frikësoheshin të vetme, pa njeri,
se janë mësuar me mua,
ndaj i mbajta brenda shpirtit tim.
Jeta është si qiri,
tretet shpejt e shkon,
ndaj në orët e fundit,
kur gjumi i rëndë të më avitet,
ju lutem, mos harroni,
vishmani fustanin e bardhë të nanës,

e kutinë e saj me guaska deti,
që mbushur e kam me letrat e dashurisë,
pranë shtatit ma vendosni!
Nëse ndodh të zgjohem,
e kam harruar si ishte dashuria,
shfletoj letrat e ju lexoj,
aty ku mbeta, me dashtë do vijoj.
E qetë do shtrihem me aromën e nanës,
askush si ajo s'mi ndjeu psherëtimat,
dua të hidhem hapave të saj,
ta puth me mallin e greminës.
Ju kërkoj si lutje të fundit,
të përlotur mos ejani,
natën kur të martohem me gjumin,
çelini fytyrat, buzët vërini në gaz,
dielli baltën nuk e do,
por rrezet prapë do ia falë!

Poezia është grua

- Ç'është poezia për ty?
më pyetën,
- kjo gjini letrare?

Buzëqesha lehtë;
Poezia, për mua,
është grua!

Ajo flet me ndjenjat e shpirtit,
dashuron si zjarri i verës,
e loton si shiu i shkurtit.

Frymë e ëmbël,
si e një gruaje,
muzë e bukur - si ajo
- të pushton,
udhët me ylber shtruar,
me ngjyrat e stinëve të mbulon.
Poezia është dallgë,
i njihni valët e një gruaje?
Herë të ledhatojnë lehtë,
herë të zemëruara shpërthejnë.

Shuki

Poezia është grua e dashuruar,
që sundon zemrën e burrit,
liqen me mjellma që e paqton,
një krater me llavë që e zhurit.

Poezia është aromë gruaje,
që shpirtin e poetit e ndez flakë…

Bluja e tymit të cigares

E bukur, truphollë,
e bardhë, me të zeza veshur,
vejushë,
që kërkon dashuri.
Ngjitesh në buzë,
s'më hiqesh qafe,
më hyn në mushkëri,
si t'ia bëj pa ty?
Fjollë blu besnike,
mike,
ringjallesh nga hiri,
nga zjarri,
e prapë kthehesh në hi,
pranë njeriut,
në hall,
në dashuri.

Vallja e dashurisë

U shkëput gjethja e verdhë,
me erën fluturoi,
e lashë të ikte,
si zjarrin që më përvëloi.

Të gjitha gjethet shkuan,
kristale bore do shfaqen në qiell,
valles së dashurisë t'ia hedhim hapin,
vjeshta do kthehet rishtas në pyll.

Si çdo tetor, deri fundnëntori,
vallëzojmë festën e frutave të pjekur,
në pranverë dashurojmë lulet,
me tingujt e një melodie tjetër.

Rreze arkaike

Rrezet përkulen të më prekin lëkurën,
shohin pemë brenda meje,
mollë,
ftonj,
e tillë ndjehem brenda vetes,
me zemrën e butë të Unit tim,
ushqej ndjenja, lule e lëndina...

Pemë nën hënë,
pemë nën diell.

Shkruaj vetveten,
në ajër, në letër.

Shkruaj për ju, dashurinë,
për urrejtjen më rrallë,
pasi kjo vjeshtë,
me një rreze arkaike,
ma ngroh unin-vogëlush,
e shpirti më endet kopshtijeve,
i ëmbëlsuar si frut'
i lehtësuar
si shpuza mbi prush.

Bora

Vjen rrallë e befas,
pothuaj tinëzisht,
më gjen në gjumë
e bie qetësisht.

Kohë pa e parë,
malli m'ka marrë,
ta prek, ta shkrij,
ta mbaj në qerpik.

Unë i afrohem e ajo më ik...

Thua me mua
hidhëruar të jetë?
Tash një vit larg
e s'do që ta prek.

Pastaj më rikthehet
me ojnat e saj,
më ftoh, më ngroh,
më bën të qaj.

Mbulon çatitë,
kopshtijet e vetmuara,
ngrin xhamat dhe kujtimet,
e kohëve të shkuara.

Me dashtë

Si në ëndërr
kalon jeta
nga nxitimi
gërvishten ditët
ndër akrepa

Larg nga njerëzit
që dashurojmë
çanta shpine –
mbushur 'lamtumira'
e kraharorin ofshamat
thërrime lotësh në sy
malli na rrëshqet supeve
si shi

Përse largohemi gjithnjë nga e mira?

E pyesim me druajtje
nën zë:
të lumtur
vërtet janë ata
apo koha i bashkoi
si ujërat në va?

Të lumtur janë ata
që dashurisë iu falën
pa lypur gjë tjetër
se fija e jetës soset
hollohet si letër

E s'vlen vaji
ankimi, as pasuria
kur varreve rritet bari
e ferrat e egra
mbijnë te shtëpia

Në trenin tim

Në shëtitore
veç unë dhe shpirti im
u endëm pafund
për pak
armëpushim
një hije peme s'e gjetëm
as dhe një burim
një gllënjkë
të shuanim etjen
të gjenim pak qetësi
të hidhëruar
pa shkëmbyer dy fjalë
gjithandej na vërviti
një erë e marrë
të mbushur plot mëri
u ndalëm me mund
te burimi i një kroi
e shuam etjen më në fund
nën ato pemë
shpirtit iu luta
të mos mbante asnjë brengë
e falje për të gjithë të ketë

dua të krijoj hapësira të reja
me njerëz të rinj
pa mëri e hakmarrje
i ftoj në trenin tim
u pajtua edhe shpirti
dhe ra në qetësi
sa do zgjasë udhëtimi ynë
këtë nuk e di
por derisa të takohem
me miqtë e mi meleq
e di që do falim
veç dashuri

Pafajësia

Kur do vish mikja ime,
t`më diktosh si lagesh në shi,
a do ulesh në bankën e zemrës,
të shohësh emrin e gdhendur aty?

Kur do vish mikja ime,
të më çlirosh nga ky dert?
Jam plakur, jam zvogëluar,
tash jam njeri tjetër.

Kur do vish, o mikja ime,
muret e shpirtit t'mi veshësh ti?
Kuq e zi do i doja shumë,
edhe pse e zeza m'u bë shtëpi.

Kur të vish mikja ime,
mos ndiej dhembje në lëkurë,
më trego si është pranvera,
tash e tutje s'do e shoh dot kurrë.

Mos më qaj, jeto e lumtur,
për liri jetën kam humbur…!

Poseidoni

Gjithë kohës
më flatrohesh mendimeve
hijen burrërore
ke veshur në trup,
ëmbël më ngele syve
burrë natar
me vështrim të pafund

Llavë vullkani
më zien përbrenda
shtati m'trazohet
prej dritherimave
furishëm më vjen
si dallgë e detit
në lëkurë më ngjitesh
si kristal kripe

Mbi qepalla më fle
Poseidoni im

Më shfaqesh
valëvitur mbi dallgë
përhumbem
puthjeve të tua
trupin ma përkëdhel
e më lag
sa më pëlqen
sa dua

Thahem buzë detit
nga dielli në zgrip
ndihem 'Salasje'
mbretëresha e kriptë

Qielli

Të kërkoja kudo me sy,
me duar,
në dritë e në terr,
pas drurësh e muresh,
fshehur në ndonjë cep.

Se prisja t`më shfaqeshe qiejve,
i bardhë si lejlek…

Në qiellin blu,
me të bardha veshur,
meteorët këndonin,
si dasmorë të qeshur.

Dielli ngjyrave u jepte flakë,
në atë shesh të kaltër qiellor,
zemrat takohen në përqafim të gjatë,
e s'më pritet më asnjë orë.

Eja të festojmë,
me zemrat plot gaz,
të pijmë verë
e të vallëzojmë,
nën tingujt e muzikës xhaz.

Ndize edhe një diell tjetër,
në mos mundsh me ardhë,
t'më shohësh duke u dridhur,
kur të shtrihem në qiellin e shtatë...

...apo mbi çarçafët e bardhë...

Rrugëve të kalasë

Mbrëmë,
binte një borë e butë,
ti,
zbrisje shkallëve të kalasë,
e në gjithë qenien,
të nderej një nur.
Era t`vardisej flokëve,
të përkëdhelte buzë
e sy,
mua ma zgjoi xhelozinë,
fshehur nën hi.

U përshëndetëm ëmbël.
Sakaq,
një rozë e lehtë
të ra në fytyrë,
sa doja ta dija:
shikimi im të përndezi,
apo i ftohti i mbrëmjes
të shkaktoi bezdi?

U ndamë,
rrugicat në heshtje ranë,
terri ta përpiu trupin,
e mua më fali vetminë.

Shpirt engjëlli

Dua të fluturoj
pranë teje sonte,
si zog
të t`ulem në krah,
të ta puth gjoksin që dua
e të ndjej kur dridhesh e ofshan.

Krejt qeshjet e mia
do t'i marr me vete,
me dritën e syve
ta ndez zjarrin në oxhak,
e tymi, si re e kaltër,
të endet mbi shtrat,
(për pak)
ku dy trupat tanë
të zhveshur
do shkrihen në një,
në flakë...

Do cicëroj një melodi
mjalti,
pranvere,
gjumin do ta shtyj,
sa të mundem,

do ta lë pas dere,
fluturat e fundbarkut
do numëroj, si dikur
xixëllonjat e hijshme,
në muzgun e gushtit.

Shtrihu pranë meje,
njeri i bukur, i ndezur,
dashurisë me fund
t`ia pijmë kupat e ëmbla
të mushtit!

Dashuri shtegtare

Urishëm cicëronin parmakëve të ballkonit,
të lodhur, të drobitur nga ai i ftohtë,
më dhimbsen miqtë e mi të vegjël,
vendlindje nuk kanë, strehë të përhershme jo.

Të grupuar në tufa kërkojnë të ngrohtat fole,
emigrojnë edhe ata, si ne... si ne!

U dhashë të hanin fara gruri,
të pangopur mos ta nisnin atë rrugëtim,
në zemër m'u mblodh një lëmsh trishtimi,
dashuri shtegtare janë miqtë e mi.

Sa herë drita do puthë tokën,
melodinë më s`do t'ua ndiej si atëherë,
zgjimi i ëmbël prej tyre do më mungojë,
me mall do t'i pres deri në pranverë.

Sytë që flasin

Shuama etjen e mallit,
më lër të shihem në sytë e tu,
brenda retinës së shkruar,
të notoj si një sirenë blu.

Dua të të kem në zemër të jetës,
të qesh, të gëzoj, të dehem me ty,
në praninë e hënës lozonjare,
të endemi lumturisë ne të dy.

Më lër të pi ujë në puset e tua,
si një bletëz e lumtur t'i puth lulet,
ne të dy të dashuruar,
nektarin e ëmbël t'i thithim kësaj ndjenje.

Le të mos mbetet asnjë ëndërr,
ku brenda saj nuk jemi ne,
brenda orës së kurdisur,
zgjimin e shpirtit ta gjejmë atje.

Në çdo vend ku më shkel këmba,
hapat e tu të jenë aty,
në çdo muaj, stinë e vit,
unë betohem në sytë e tu.

Je pasqyra më e ëmbël,
shije mjalti ti më je,
mos pushofshin kurrë buzët e tua,
veç faqeve të mia, buzëve…

Në stolat e vjetër të oborrit,
nën hijen e fikut ulur aty,
dhe në frymën time të fundit,
dua të shihem në sytë e tu.

Le të mbetesh heroi im,
që jetoi për sytë e zinj…

Tokë e dashur

E kam harruar ndjesinë e atij dheu,
si është të takosh rrënjët e tij,
si të pushojnë këmbët e zbathura,
mbi gjelbërimin në lëndinë.

Zukatjen e zogjve, insekteve,
asaj toke ia kam harruar,
për çdo gjë të atyre viseve,
malli djegës më ka pushtuar.

Më gufon zemra për ty,
llavën jashtë shpirti derdh,
gjunjëzuar i lutem Zotit,
dhe njëherë atje të më shpjerë.

Dallgëzohet dashuria,
nanurisem kujtimeve, diellit tënd,
nuk di në është malli,
apo aty edhe rrezja më bukur zë.

Kjo tokë e huaj peshën kurrë s`ma ndjeu,
veç qiellin kam pasur në shpirt përherë,
fluturimthi mbi shpinë të yjeve,
kam ardhur, të jam ulur në prehër.

Aty edhe terri jetohet si dritë,
muzgu i mbrëmjes ka hijeshi,
ndrisin xixëllonjat bebëzave të syve,
kreshpërohem të jem tek ti!

Unike

Të dashuruar,
të hutuar...

Mes sheshit,
buzëqeshin
e shkrihen në shikime;

Dy të rinj.

Gjithë bota rreth tyre
duket e bukur,
herë si ylber
e herë si flutur.

Mbyll sytë,
shoh me zemër,
me ngjyra të ndezura
i hedh
në telajon e trurit,
si mjellma të bardha,
duke notuar në ujë.

Këtë imazh
si kujtim të dashurisë reale,
do ta var në mur.

Vokacion

Në gji më derdhen
dëshirat e pragdritës,
herët në mëngjes.

Nata flakë
i ndez.

Dimrave,
e ruaj të ngrohtë
dashurinë ndër hoje.

Në pranverë,
si këngë zogu,
larë në shiun
e një kujtimi të vjetër,
derdhet dëshira,
nga një degë e epër'.

T`kam shkruar, i dashur,
t`ka ardhur ajo letër?

Malli për ty
m'shndërron në gjethe,
që e merr era.

Dëshirat s'prarohen aty
ku lindën...
veç kur të trokas një ditë...
te dera!

Jo i dashur,
nuk vij dot,
por do të nis sërish një letër,
më të zjarrtë se herën tjetër…!

Tinguj pianoje

Herë lehtazi, herë vrullshëm,
puthen duart me tastet...
Pianistit i vallëzojnë përbrenda telat,
aty ku shpirtrat dëfrehen e s`plaken...

Një 'do' e lartë a një 'la' e lehtë,
gjallërojnë botërat e fikura,
përflakin dashuri në jetë,
...
pianisti këndon letrat,
që dikur shkruanim sekret.

Vjeshta e babës

Jeta t'i zhvoshku petkat,
të ndau si lisin prej gjetheve,
ngjyrat edhe pse të zbehura,
ende t`shkëlqejnë nurit t`stolisur.

Të tjerë të quajnë trung të vjetër:
erdh koha qiellit të zësh shtëpi…

Vitet t'u vjeshtuan, u thanë,
mbi dermë t`peshojnë rrudhat historike,
çdonjëra nga to një emër mban,
fundshpirtit ende t'gjallojnë tinguj dashurie!

Ditët t'u vjeshtuan, kohën harron,
fytyrat, emrat, degët s`ti mbajnë më,
herë të fryn veriu e në shpirt dashuritë të palon,
herë plagët e helmëta të kujton.

Orët t'u vjeshtuan,
drejt dimrit po rendin me galop,
kur kristalet e borës gjurmët të t'i fshehin,
brenda meje do këndosh si zog!

Kraharori im do të mbajë përgjithmonë!

Tu me manques à en perdre les mots

Je crains de ne parler que peu,
Et de n'écrire tout autant,
Pour toi, toujours moins il me semble,
La plus belle de toutes,
Mes muses à moi !

Je crains que tu ne me comprennes,
Que tu ne t'envenimes,
La colère tes yeux colore
Tu t'éloignes et laisses, mon âme fanée
Devant la feuille blanche et sans voix.

Il est vrai que,
Pour toi souvent j'écris,
La plus belle de mes beautés,
Des amis, tu en as bien assez,
Aucun ne fait front à tes tourments,
Mais c'est moi qui tisse les poèmes pour toi !

Liras-tu sur mes lèvres ou sur mon âme ?
Qu'importe, dis-le moi!
Si je meurs sans cette annonce
Viens sur ma tombe,
Sans rancune, dis-le moi !
Je t'en supplie !
Mon âme entendra tout...
La plus belle des beautés,
Je crains que le manque n'égare mes mots,
Et sans savoir où les trouver, je te dis: je t'aime !

Mais tu t'envenimes,
Et même en rêve je ne t'ai pas...

Le manque égare mes mots vraiment,
Mais tu restes la plus douce,
La plus belle,
Ma muse éternelle,
Ne me condamne pas en s'éloignant !

Je me détache

Il m'arrive
De me détacher de la terre,
De me cacher dans les nuées,
Pleine de rancune envers toi !

Il m'arrive
D'avoir mal à la blessure,
Que m'a causée une vieille balle,
Et cela me fâche,

Voilà pourquoi je m'enfuis,

Puis, je m'étonne avec moi-même,
En effet je ne suis comme ça,
À l'amour je m'offre pleine,
Et ne m'embarrasse des tracas !

Je désire

Je désire te regarder dans les yeux,
Et le cœur plein te dire : je t'aime !
Ouvrir mes bras et voler ensemble
Boire à la coupe de tes fossettes...

Je désire te tenir la main,
Apprécier le temps avec toi,
T'être une présence douce,
Dénuder mes rêves à la lueur de la lune.

Je désire sentir tes respirations,
Et pour toi devenir, ta pulsation,
Les jours glacés dans la neige,
Avec mon souffle t'enflammer...

Je désire devenir vague,
Fendre ton corps,
Toi – mon seul rivage,
Ma douce mélodie et ma dernière note !

J'ai dévêtu mes rêves,
Les ai suspendus au soleil,
Je dévoile mon amour à la lune,
Et l'allume les nuits sans lumière...

A pris vie ma maison,
L'amour enflamme mes yeux,
M'a dissous douleurs et chaînes,
Sous la première pluie.

Rêves lavés, rêves séchés,
Sortis chaque matin de mes tiroirs,
Et près de moi éclosent,
Puis comme une colombe, s'envolent...

Tu es venu

Tu es venu,
Tel une fin d'automne aux nuées noires,
Ciel lugubre plein de grondements,
Tes yeux ont versé une coléreuse averse
Et coloré mes jours de gris.

Tu es venu,
Arrivée âpre, brute, comme la fin des temps,
Sous mon toit semer l'hiver,
Mais ce coeur, à ton trépas, t'as ordonné :
Vas, là où la solitude t'emportera !

Tu es venu,
Tu n'aurais dû que passer !

Dans le monde où tu n'es pas

Comme un voyageur de la vie,
Je sais,
Je me suis avancée aussi,
Sans savoir si j'étais belle,
Angélique ou démoniaque,
Au sourire solaire,
Je ne sais pas !

Dans ton miroir je ne me présente pas,
De peur d'altérer sa magie...

Je ne peux interrompre le voyage,
Car mon âme désire chanter,
Elle est pleine de bagages...

Je ressens, je m'oppose, je chéris,
Les haines du monde je contrarie,
Que faire d'autre, on m'a haï
Et d'eux tous, me suis détachée.

Mon train avance,
Sur des rails rouillés déraille,
Et voilà qu'à l'aube rend l'âme,
Si vite, ah tellement vite !

Shuki

Sur ces rails cassés, rouillés,
Pieds nus j'ai marché fâchée,
D'abord du manque, puis de moi-même,
Enfin de toi, qui n'était pas à mes côtés.

Pourquoi ne puis-je,
Habiter ton monde.

Les yeux clos, je plonge dans les souvenirs,
Et remonte les saisons,
Je crois alors toucher ton âme,
Dans un flôt de paroles sans fin.

Je te vois dormir paisible,
Serein comme poupon,
Et quand tes yeux s'ouvrent soudain,
Je m'égaie comme un enfant.

J'espère alors que tu me sens,
Me vois,
Dans tes bras vite me prends,
Mais:
C'est le vent, dis-tu,
Puis te rendors lentement.

Attristée je m'éloigne de toi,
De moi,
Je m'exile loin, dans le désert,
Mais l'absence me suit autour,
Elle grandit, devient montagne,
Et me brûle et m'enflamme.

Lit de terre

On m'a façonné un lit de terre,
Ouvrage de taupes inconnues,
Inlassables dans le noir.

Pour moi,
Coule une goutte de lueur,
Que ma mère nomme tournesol.

Et j'ai foi en ma mère
Et en la fleur,
Qui s'incline au soleil.

Autour des yeux, le temps
A tracé à l'encre de cendres,
Des cercles.

Mes genoux tremblent,
Je ne me sens
Pas très bien.

Et ce lit de terre,
Je le méprise
Tout comme les taupes et leur volonté.

Je suis une femme,
Qui garde,
En son sein de la chaleur.

Ainsi qu'un peu de cendres,
Autour d'une étincelle de feu,
Qui brûle encore.

Lit de terre !
Aux taupes :
Avez-vous oublié que je suis une femme qui aime ?

Sur ses lèvres

Sur ses lèvres –
Deux cerises,
Là, même la mer s'emporte,
Dans le rire
Ou dans les pleurs,
Le soleil dégringole sur ses lèvres.

Tu me regardes dans les yeux
S'ouvre mon poitrail,
Des forêts poussent dans mon coeur,
Et du plus bel arbre,
Une barque je taille,
Et dessus sur ses lèvres je sillonne.

Je chante, je ris,
Appelle à tue tête,
Je remue ciel et terre,
D'est en ouest,
Envouté,
J'erre sur ses lèvres.

L'enfant en toi

Tu te mentiras un jour,
Seul, dans tes souvenirs nageras,
Même des pôles ne voudras savoir,
Et dans ta glace tu te verras!

Les cheveux blancs te réveilleront,
Que ton sommeil soit profond et étouffé,
Car le temps file à chaque seconde,
Comme pour tous il sera pour toi, mon ami.

Quand le voile tombe sur tes yeux,
Dans le noir, que verras-tu ?
L'enfant en toi, tu l'as tué,
Il est trop tard pour le consoler.

Dès le début tu l'as abandonné,
Cet enfant rare, riant et mutin,
Tu as aimé d'autres jouets et toi même,
Vois, aujourd'hui, que tu es terne, mon ami !

À mon dernier bal

À mon dernier bal,
Je vous en prie,
Venez rieurs,
Car j'ai vécu le sourire aux lèvres.
Mes larmes, ma mère seule et Dieu ont vu.
Devant vous je me suis faite forte,
Et mes douleurs nul ne les a portées.
Les coups de bâton, les jets de pierre,
Mon cœur s'est caréné,
Pas même mes amis ne l'ont remarqué,
Il valait mieux qu'ils restent en moi.
Leur poids grandit avec le temps,
Et vous ne pouvez les porter,
J'ai eu peur que mes plaies,
Soient jetées sur le bord de la route,
Que seules, elles prendraient peur,
Qu'elles se soient habituées à moi,
C'est pourquoi,
Je les ai gardées dans mon âme
La vie est comme une bougie,
Elle se consume vite et va,
Aussi, dans les dernières heures,
Quand le long sommeil m'approchera,
Je vous en prie, n'oubliez pas,

De la robe blanche de maman, vêtez-moi,
Et la boîte aux coquillages,
Que de lettres d'amour j'ai remplie,
Placez-la près du lit
Et si je devais me réveiller,
Que j'ai oublié ce que l'amour était,
Je parcourrais ces lettres et je lirais,
Là où j'en étais ou ailleurs, c'est selon.
Je me prélasserais dans l'arôme de maman,
Qui seule sait mes soupirs,
Et dans ses pas je veux partir,
L'embrasser dans le précipice.
Je vous demande enfin,
Enlarmés de ne point venir,
La nuit où j'épouserai le sommeil,
Ouvrez vos visages, dressez vos sourires,
Si le soleil n'aime pas la boue,
Il la recouvre tout de même de ses rayons.

Le bleu de la fumée de cigarette

Belle, au corps fin,
Blanche, de noir vêtu,
Veuve,
À la recherche de l'amour.
Tu me colles aux lèvres,
Tu me colles à la peau,
Je te respire,
Comment faire sans toi ?
Fidèle flacon bleu,
Amie,
Des cendres tu renais,
Du feu,
Redeviens poussière,
Près de l'homme,
Soucieux,
Amoureux.

La neige

Elle vient peu et soudain,
Presque avare,
Me trouve dans le sommeil
Et tombe doucement.

Longtemps sans l'avoir vue,
Il m'a manqué,
De la toucher, de la fondre,
De la garder dans mes paupières.

Je m'en approche, elle me fuit…

Penses-tu qu'elle éprouve
Contre moi de l'amertume ?
Une année s'est écoulée
Et elle ne veut que je la touche.

Mais elle revient
Avec ses jeux,
Souffle le chaud, le froid,
Et me fait pleurer.

Elle recouvre les toits,
Les jardinets oubliés,
Gèle vitres et souvenirs
Des temps passés.

Mes louves

Je suis celle que je suis,
À personne ne fais de mal,
Quand ne suis pas tourmentée,
Pensez-y bien;
À la guerre je ne me retiens.

Ne tentez pas de me changer,
Mes louves de l'âme se révolteront,
Et provoqueraient un raz-de-marée,
Un goût amer vous laisseront.

J'arracherai les racines du monde,
Vos bourgeons n'écloront pas au printemps,
M'effleurent vos mains sales, j'assèche,
Vos fleuves, les change en néant…

Ne me regardez pas l'œil humide,
Après les maintes blessures infligées
Parce que je vous change la nuit en jour,
Masse aveugle, sans lumière au cœur !

En fuite

Le vent joue avec tes boucles,
Toi, enveloppé dans la soie blanche, restes
couché, tel un prince d'en haut et d'ici bas.
Partis à jamais, peut-être reviendras-tu,
Pour un sourire ?
Reviens, finis ta lecture inachevée, ou commences-en une nouvelle!
As-tu des frissons ?
De la lumière, pour éclairer ta nuit aveugle ?
Je vois ton siège vide près de la bibliothèque, en moi s'écoulent questions, douleurs.
Cette lumière et cet amour dans tes yeux,
Crois-tu qu'ils soient perdus à jamais ?
Je n'ai même pas pu te transmettre
Trois lignes du frère… Je suis venue tard et tu n'as pu m'attendre.

Homme aux genoux ployés,
Sous le poids de l'amour,
Tu sembles être une veille
D'étoile dissoute ;

Tu es parti loin, très loin,
Mais ne dis pas que tu es mort !

Les yeux du paon

/ au papillon /

Sur les ailes du papillon,
Je t'ai écrit une lettre ;
Y ai laissé peu de mots,
Pour qu'ils ne te pèsent.

Je ne sais pas si tu l'as reçue ?

Le soleil n'aurait-il pas,
Séché les ailes du papillon
Et ma lettre
En cendres aurait fini ?

Des jours que j'attends,
Que j'erre dans les prés, fleurs en main,
Attendant que l'œil du paon,
Me vienne comme en conte,

Je ne sais pas, vit-il toujours,
Ou crains-tu de dire les mots ?

Moi j'attends ta lettre,
En vie me tient l'espoir,
Et dans l'œil du paon,
Ecris-moi quelques mots.

Sur les chemins du château

Hier,
Il tombait une neige douce,
Toi,
Tu descendais les marches du château,
Tu irradiais de tout ton être,
Une lueur.
Le vent effleurait tes cheveux,
Caressait tes lèvres,
Tes yeux,
Le vent m'a fait envie,
Et attisé mon feu.
Nos salutations furent douces.
Si douces en fait,
qu'une rose légère
est tombée sur tes joues,
Et j'ai tant voulu savoir :
Mon regard t'a-t-il enflammé,
Ou le froid du soir,
Irrité ?
Séparés,
Le silence est retombé sur les ruelles,
La nuit a aspiré ton corps,
À moi, a offert la solitude.

Pak fjalë për librin

Ndonjëherë e kemi të vështirë të themi me saktësi se çka në të vërtetë e bën të bukur e të fuqishëm një tekst lirik. Mes figuracionit, thellësisë meditative, koloritetit, harmonisë kompozicionale, muzikalitetit apo edhe ndonjë veçorie tjetër letrare. Leximi i librave poetikë si ky që ka në dorë lexuesi, pos që të dhurojnë emocione të veçanta, edhe më shumë të përforcojnë bindjen e hershme se poezia nuk është rastësisht edhe e magjishme, edhe mbretërore.

Ndonëse është libri i saj i parë, autorja befason këndshëm posaçërisht me estetikën ligjërimore, peizazhin, por edhe me frymën e saj. Raporti lirik për të ndërtuar shtëpinë prej shpirti, që në dukje të parë ka fatin gati si të letrave të shkruara e të padërguara, na shfaqet më triumfal, sepse poezia është edhe aromë gruaje që ndez, edhe një diell tjetër...

Bujar Salihu, poet

Nga autorja

Mirënjohja ime më e thellë shkon për prindërit e mi. Dashuria dhe sakrificat e tyre janë të shtrenjta për mua. Miqësia dhe përkrahja e poetëve Sabit Idrizi e Asllan Istrefi i dhanë udhë pasionit tim për poezinë, ndërsa profesoreshë Shemsije Zeqiri më nxiti të zhvilloja një prej lirive më të epërme, atë të shpirtit.

Mirënjohje e falënderim për Fatmirin, bashkëshortin tim, për fëmijët tanë Lorik, Lorian e Loreta, dashuria dhe përkrahja e të cilëve është vendimtare në realizimin e ëndrrës sime.

Miqësia me shkrimtarin Arbër Ahmetaj, sugjerimet dhe përvoja e tij i dhanë formë këtij libri. Puna e mrekullueshme e redaktores Ornela Musabelliu e përsosi librin: "Poezia është grua". Një mirënjohje e veçantë për përkthyesin Erih Ahmetaj, që ndërtoi urën e parë drejt miqve të mi frankofonë.

E falënderoj Zotin që solli në jetën time miqësi kaq të bukura dhe që më dha shansin të jem kjo që jam.

Shuki

Shuki

www.ingramcontent.com/pod-product-compliance
Lightning Source LLC
LaVergne TN
LVHW041854070526
838199LV00045BB/1597